Bernhard Weisgerber
Helga Böhm, Rüdiger Urbanek

Hallo, Peter – wir lernen Deutsch

Ein Sprachkurs für Kinder

Lehrbuch 1

Marcus

DK 52008

DÜRR + KESSLER

Bernhard Weisgerber, Helga Böhm,
Rüdiger Urbanek

Hallo Peter – wir lernen Deutsch
Ein Sprachkurs für Kinder
Lehrbuch 1
Neubearbeitung

Zum Sprachkurs gehören:

Lehrbuch 1	3-8018-**5200-8**
Arbeitsheft 1 mit Bildwortkarten	3-8018-**5201-6**
Tonkassette 1	3-8018-**5202-4**
Lehrerkommentar 1	3-8018-**5203-2**

(Teil 2 in Vorbereitung)

Sie finden uns im Internet unter:
www.wolfverlag.de

Bestellnummer 52008

DÜRR + KESSLER ist ein Verlagsbereich der
Bildungsverlag EINS GmbH, Sieglarer Str. 2, 53842 Troisdorf

ISBN 3-8018-5200-8

Inhaltsverzeichnis

A

Alle werfen.

Alle fangen.

Hallo, Peter

Text und Melodie:
Rüdiger Urbanek

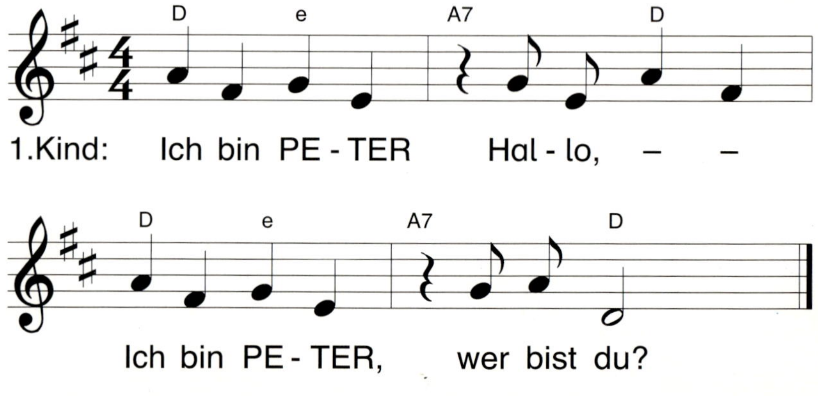

Wer ist das?
Das ist mein Freund.

Vati, das ist Iris.
Iris ist meine Freundin.

Iris, das ist mein Vater.
Guten Tag, Iris.

Mutti, das ist Peter.
Peter ist mein Freund.

Guten Tag, Peter.
Peter, das ist meine Mutter.

der ein Vater
die eine Mutter
der ein Freund
Wer bin ich?
die eine Freundin

C

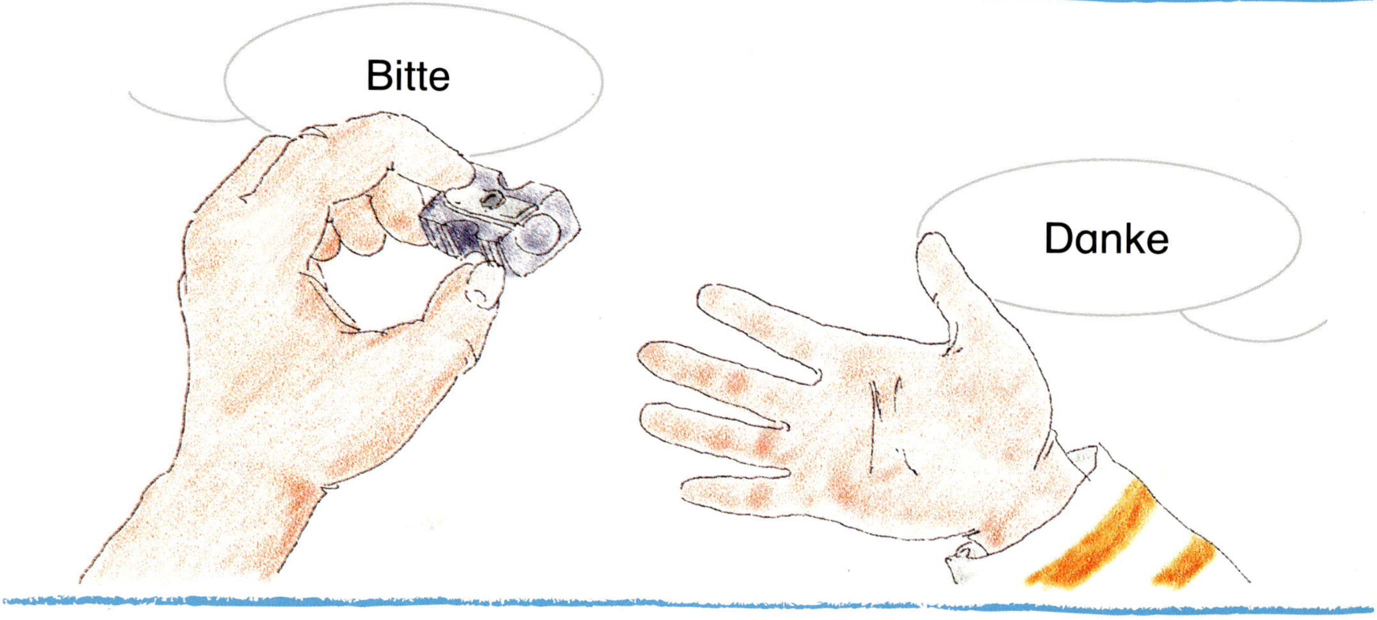

Mein Stift ist weg. Bitte, gib mir deinen Stift.

Mein Füller ist weg. Bitte, . . .

Mein . . .

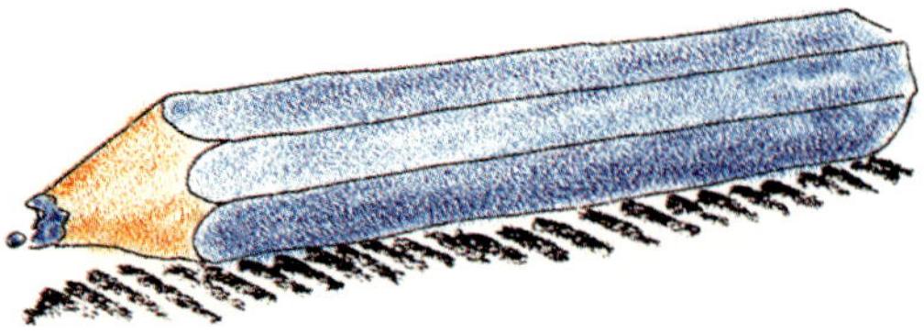

der/ein Füller

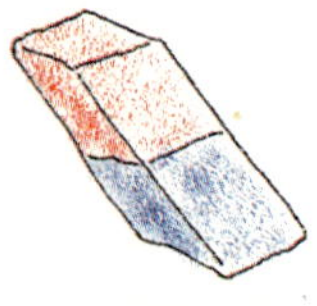

der/ein Radiergummi

der/ein Spitzer

Was ist das?

Das ist ein Stift.

Nein, das ist kein Stift!
Das ist ein Füller.

Und das sind zwei Stifte.

. . .
Und das sind zwei Blöcke.

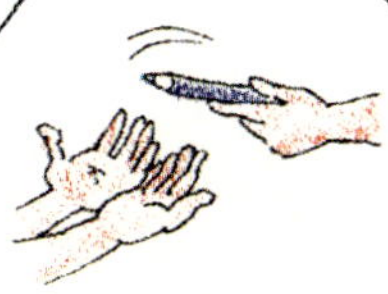

geben

der
ein Stift

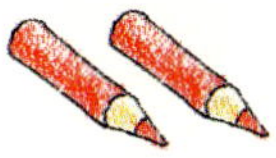

die Stifte

der
ein Block

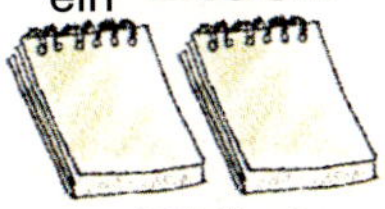

die Blöcke

der
ein Frosch

die Frösche

Wer bist du?

Ich bin ein
Ro-bo-ter.

Roboter, komm!

Ich kom-me.

Roboter,
nimm den Füller!

Ich neh-me
den Fül-ler!

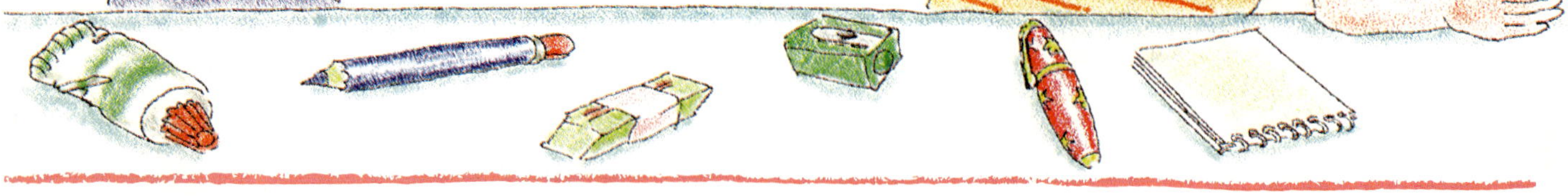

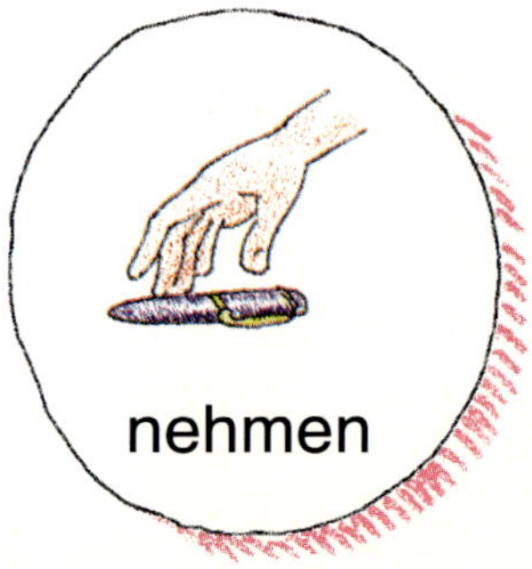

Der Roboter

Text und Melodie:
Rüdiger Urbanek

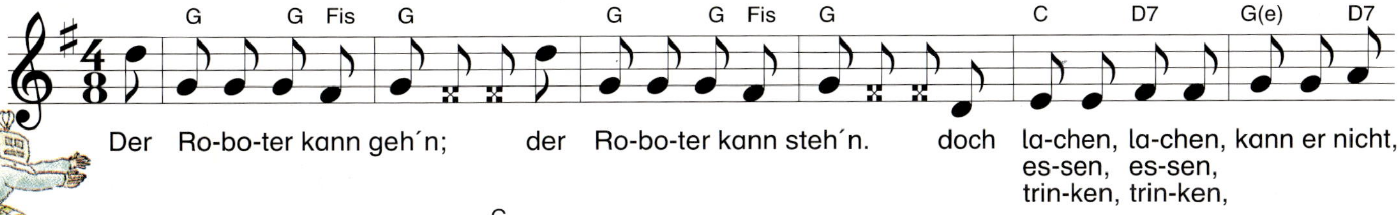

Letzte Strophe:
Der Roboter geht um; der Roboter ist dumm. Er kann nur immer vorwärts geh´n,

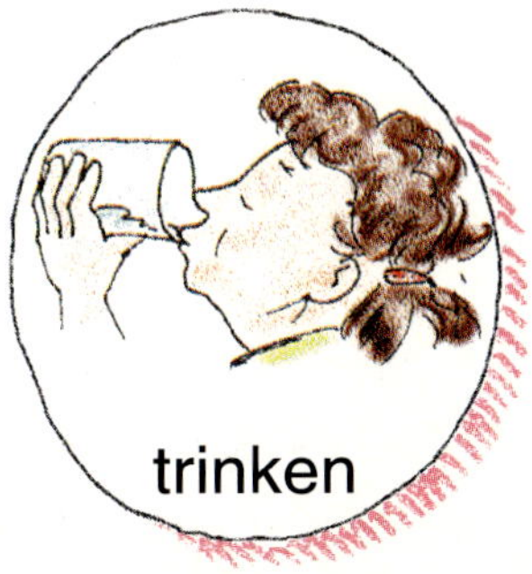

E

Peter, komm essen!
Sofort, Mutti?
Ja, komm sofort.
ZUCKER
SALZ
MEHL
Peter, was ist das denn?
Leg den Ball sofort
auf den Fußboden!
Ja, ja, Mutti.

der ein Ball
der ein Tisch
der ein Stuhl
der ein Schrank
der ein Fußboden

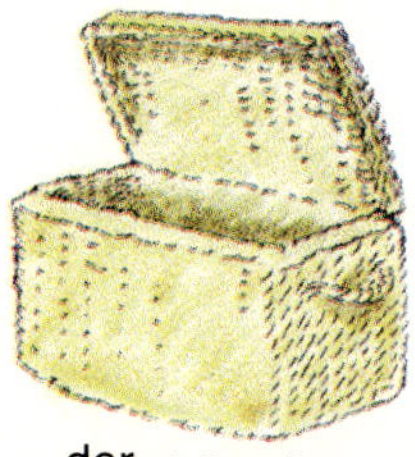
der / ein Korb

der / ein Teddy

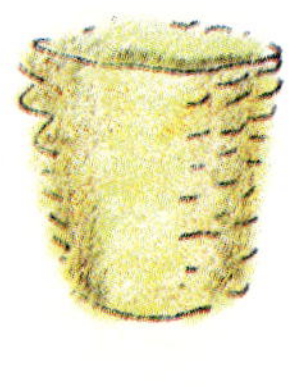
der / ein Papierkorb

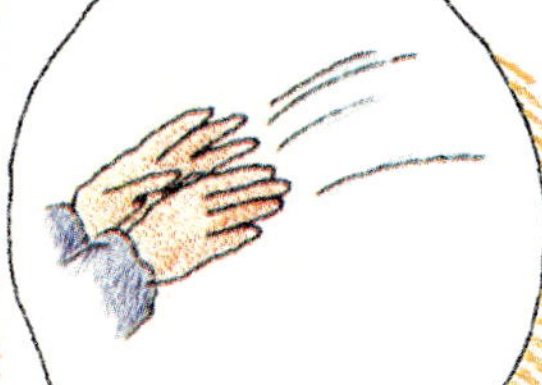
legen

auf

in

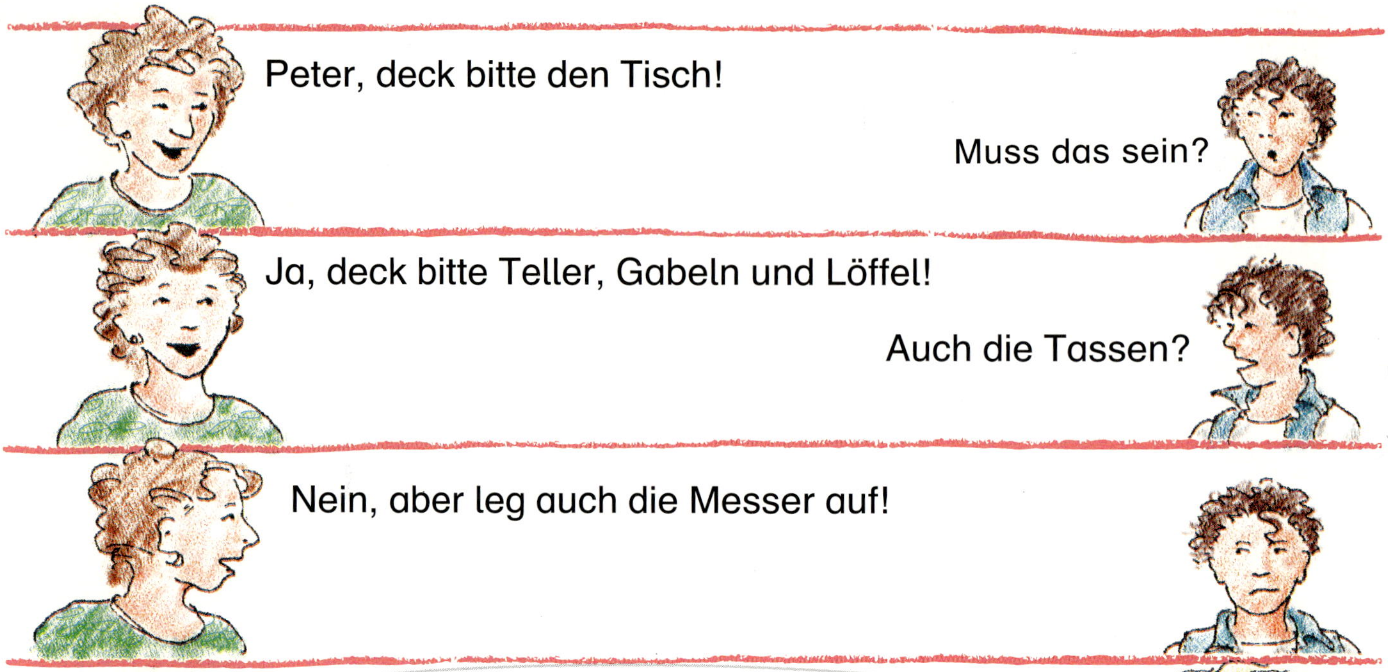
Peter, deck bitte den Tisch!
Muss das sein?
Ja, deck bitte Teller, Gabeln und Löffel!
Auch die Tassen?
Nein, aber leg auch die Messer auf!

Peter, die Gabeln links, die Messer rechts!

links
rechts

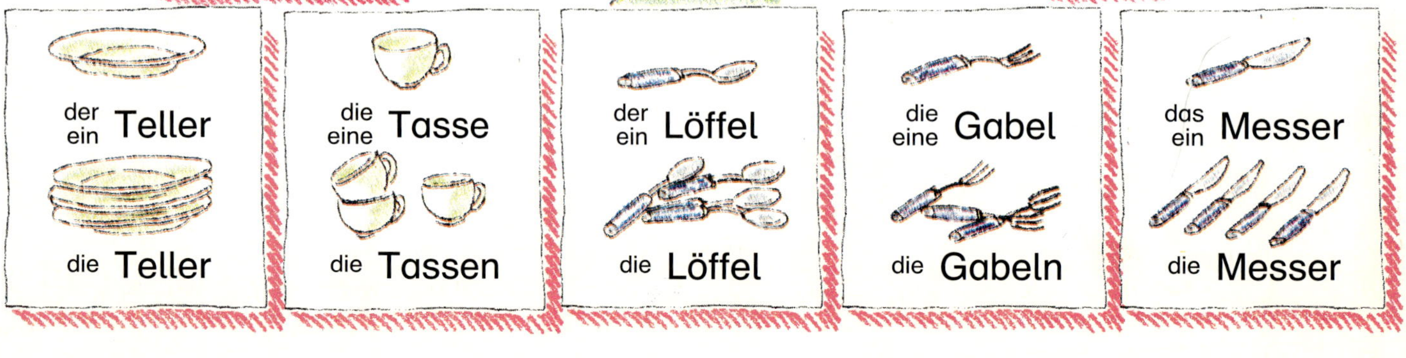
der ein Teller
die Teller
die eine Tasse
die Tassen
der ein Löffel
die Löffel
die eine Gabel
die Gabeln
das ein Messer
die Messer

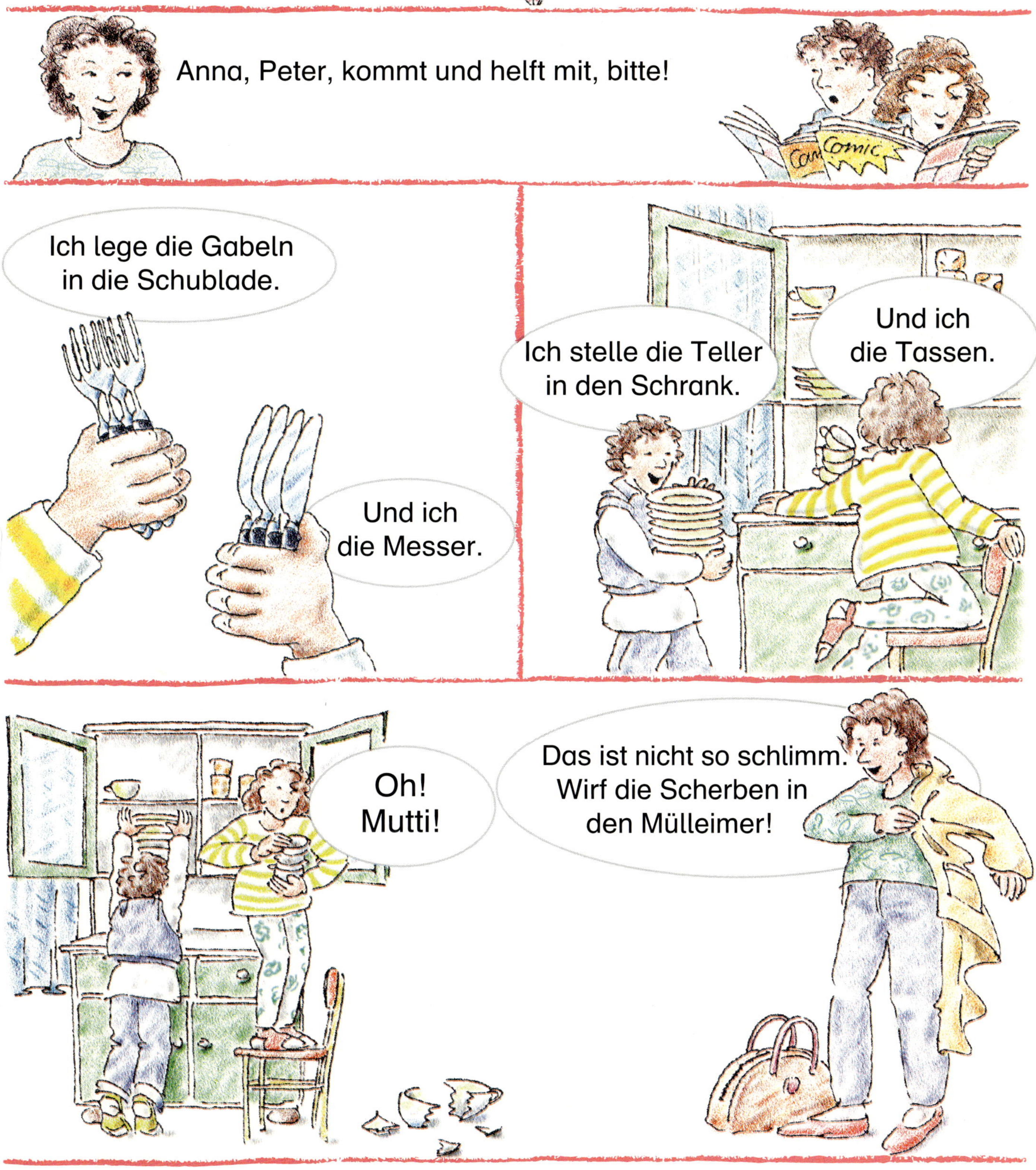

stellen

die / eine Schublade

die / eine Scherbe

die Scherben

der / ein Mülleimer

Ich will den blauen Luftballon.

Und ich will den gelben!

Nein den gelben will ich!
Nimm doch den grünen!

Nein, nimm du den grünen!

Peter, der rote Luftballon
hat eine Nase.
Nimm doch den roten!

rot	blau	gelb	grün	bunt
schwarz	groß	dick	kurz	
weiß	klein	dünn	lang	

Ich möchte einen Stift.

Einen kurzen oder einen langen?

Einen langen, bitte.

Ich möchte den Bären, bitte!

Möchtest du den großen oder den kleinen?

Den kleinen.

der
ein Frosch

die Frösche

der
ein Stift

die Stifte

der
ein Pandabär

die Pandabären

die
eine Kette

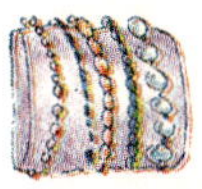

die Ketten

H

das / ein Ohr — die Ohren

das / ein Auge — die Augen

der / ein Kopf — die Köpfe

die / eine Nase — die Nasen

der / ein Mund — die Münder

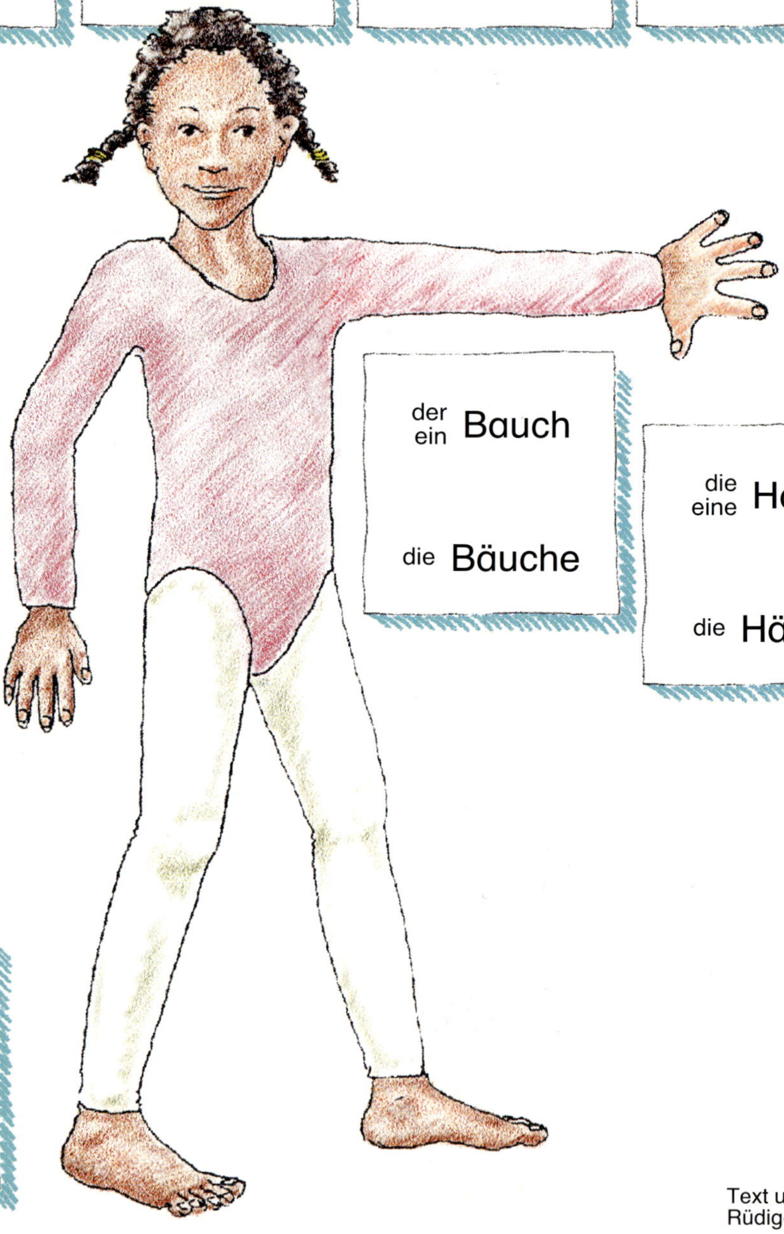

der / ein Arm — die Arme

das / ein Bein — die Beine

der / ein Bauch — die Bäuche

die / eine Hand — die Hände

der / ein Fuß — die Füße

Text und Melodie:
Rüdiger Urbanek

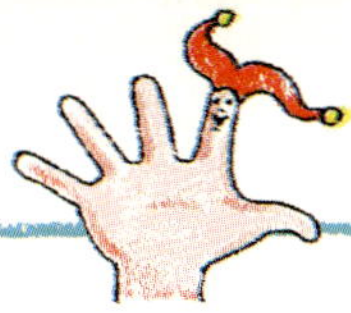

Till Eulenspiegel lacht.
Er hebt die Arme.
Er hat einen Spiegel in der Hand.
Er stellt den Fuß auf eine Eule.

Komm, Udo, wir spielen Denkmal.

Ja, aber ich will das Denkmal sein.

Heb die Arme, Udo!
Nimm den Spiegel in die Hand!
Stell den Fuß auf den Stuhl!
Und lach nicht!

Komm, Iris, wir wollen auch
Denkmal spielen.

Ja, aber du bist das Denkmal.
Setz dich auf den Stuhl!
Leg deine Hände auf deine Augen!
Heb die Nase!
Leg den Ball auf deine Nase!

Willst du auch Denkmal spielen?
Leg deine linke Hand auf deinen Bauch!
Nimm deine Nase in deine rechte Hand!
Heb das linke Bein!
Heb auch das rechte Bein!

heben

spielen

setzen

der / ein Spiegel

Iris, der Zirkus kommt.
Schau mal, die Seelöwen können Ball spielen.

Und der Löwe, der springt durch einen Reifen.

Und die Clowns: Der eine spielt Geige,
und der andere spielt Trompete.

Ja, und der Elefant kann rechnen.

Rechnen?

Ja, der schlägt dabei auf die Trommel.

Das will ich sehen.

Ich auch, da gehen wir hin.

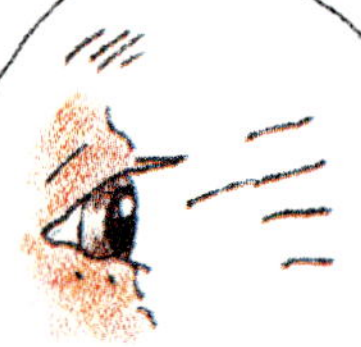

sehen

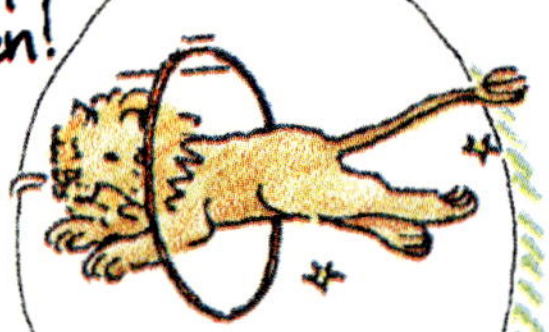

springen

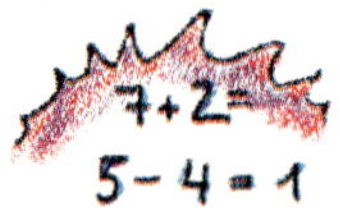

rechnen

schlagen

der / ein Zirkus

der / ein Clown

der / ein Löwe

der / ein Seelöwe

der / ein Elefant

Wir spielen Zirkus.

Kinder, kommt und seht:
Der Elefant kann rechnen!
Jumbo, wieviel ist zwei plus zwei?

Der Elefant schlägt auf die Trommel:
Bum, bum, bum, bum.
Alle Kinder zählen:
Eins, zwei drei, vier. Richtig, Jumbo!

Wieviel ist vier plus zwei?

Der Elefant schlägt:
Bum, bum bum, bum bum, bum.
Und die Kinder zählen:
Eins, zwei, drei, vier, fünf, sechs!
Toll, Jumbo, toll!

Clown Pam spielt Trompete.
Clown Pim will Geige spielen.
Die Trompete ist zu laut.
Pim kann nicht Geige spielen.
Pim holt Wasser und
gießt es in die Trompete.
Pam spielt laut. Pim wird nass.

2+2=4
richtig

falsch
2+2=5

laut

leise

trocken

nass

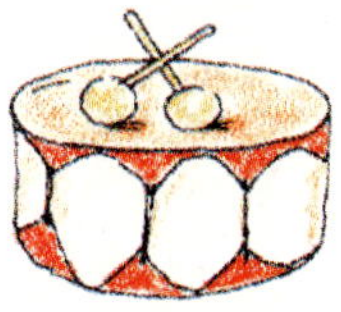
die/eine Trommel

die/eine Trompete

die/eine Geige

das/– Wasser

J

Das Wetter heute:
Es regnet.
Es ist nass und kalt.

Willst du so zu Iris gehen?
Es regnet doch!

Was soll ich denn anziehen?

Hier ist der Regenmantel.
Zieh auch die Gummistiefel an,
und nimm den Regenschirm!

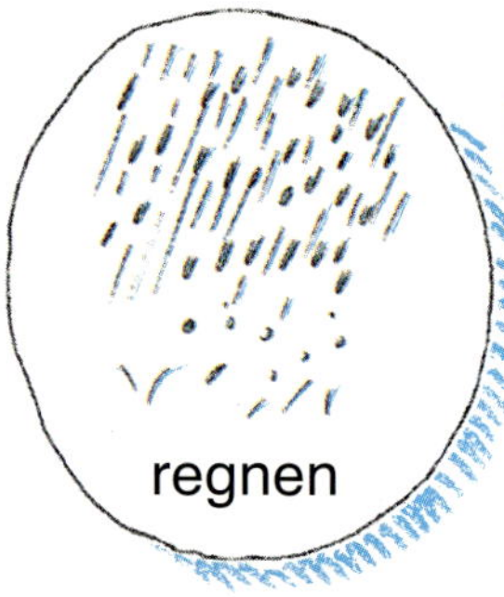

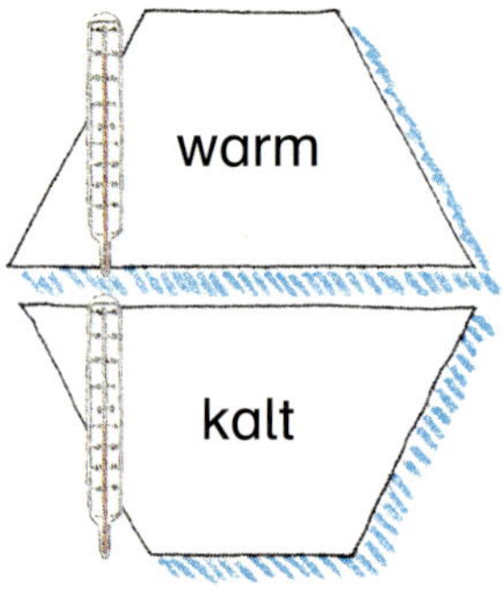

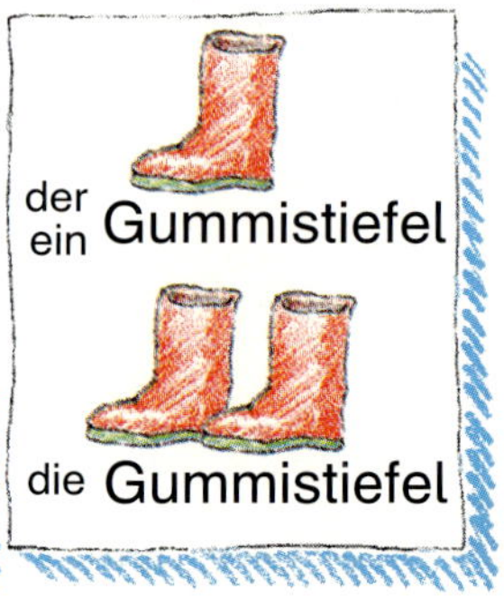

Das Wetter heute:
Die Sonne scheint.
Es ist trocken und warm.

Anna, heute scheint doch die Sonne!
Was willst du mit dem Regenschirm?
Zieh auch die Gummistiefel aus!

Aber den Schirm nehme ich mit.

Na gut! Dann ist dein Regenschirm
ein Sonnenschirm.

Text und Melodie:
Rüdiger Urbanek

ausziehen

mitnehmen

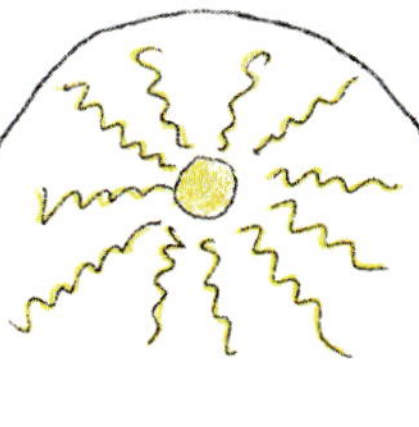
scheinen

die/eine Sonne

der/ein Regenschirm

(Nach einem Volkslied)

Geburtstagskalender

Januar	Februar	März	April	Mai	Juni
Anna				Olga	
Udo					

Juli	**August**	**September**	**Oktober**	**November**	**Dezember**
	Iris			Turgut	

Wer hat im Januar Geburtstag?
Wer hat im Mai Geburtstag?
Wer hat im Juni Geburtstag?
Wer hat im August Geburtstag?
Wer hat im November Geburtstag?

Anna und Udo haben im Januar Geburtstag.
Olga hat im Mai Geburtstag.

Und du? Wann hast du Geburtstag?

Iris hat eine Freundin aus Polen.
Sie heißt Olga.
Olga hat heute Geburtstag.

Iris: Kommt ihr mit?
Meine Freundin Olga hat
heute Geburtstag.

Anna: Ja, ich komme mit.
Was kann ich ihr denn schenken?

Iris: Schenk ihr doch Blumen
oder eine Kette!

Udo: Und ich?

Iris: Du kannst ihr eine Tafel
Schokolade schenken.

Peter: Und ich schenk ihr ein T-Shirt.
Und du, Iris?
Was schenkst du Olga?

der / ein Geburtstag

die / eine Tafel Schokolade

schenken

das / ein T-Shirt

die / eine Blume

die Blumen

Kommst du heute zu mir?

Ja, wo wohnst du?

Ich wohne
in der Parkstraße 2.

Wie komme
ich dahin?

Schau,
wir sind hier in der Bachstraße.
Du wohnst hier.
Geh geradeaus. Rechts ist die Sonnenstraße.
Geh aber weiter geradeaus.
Die Parkstraße ist dann links.
Ich wohne in der Parkstraße 2.

Und morgen kommst du zu mir!
Ja! Gern!
Tschüs, bis nachher!

Bei Rot bleibst du stehen.
Bei Grün kannst du gehen.

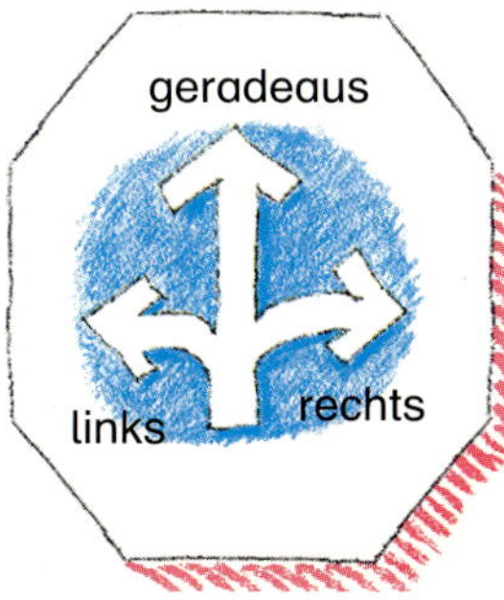

die/eine Straße

der/ein Park

der/ein Bach

die/eine Ampel

Das große Fahrradspiel

1 Die Schranke ist geschlossen.
Du musst eine 6 würfeln.

2 Die Ampel ist grün.
Du darfst noch einmal würfeln.

3 Du fährst bergauf.
2 Felder zurück!

4 Du fährst bergab.
3 Felder vor!

5 Die Ampel ist rot.
Du musst eine 3 würfeln.

6 Du hast Rückenwind.
Du darfst 4 Felder vor!

7 Du hast das Schild nicht gesehen.
Zurück zum Start!

8 Du bist am Ziel!

Das kleine Wörterspiel

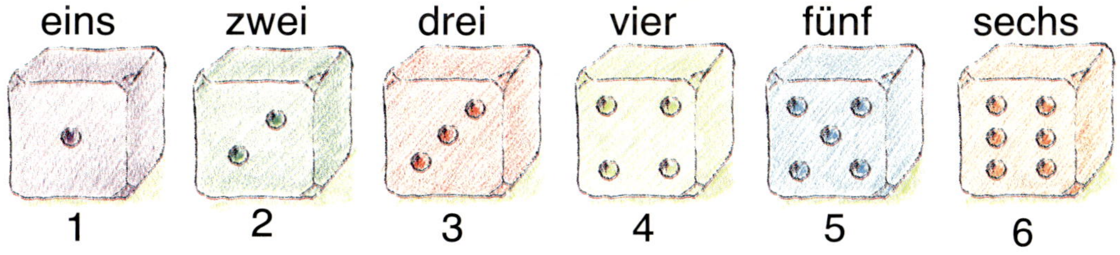

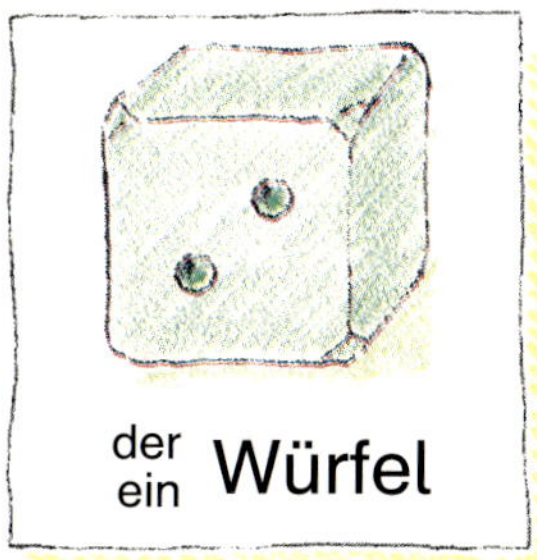

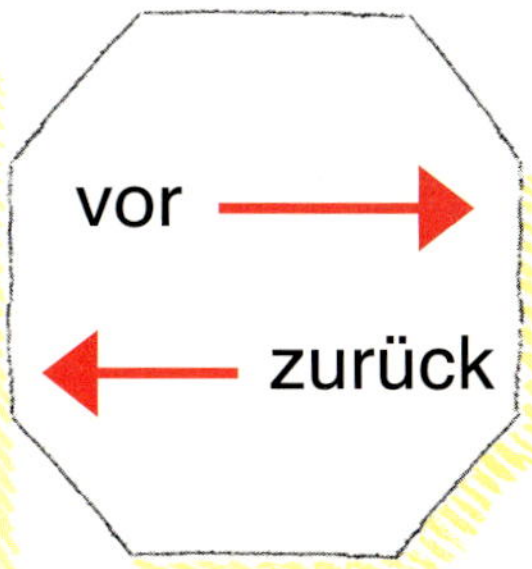

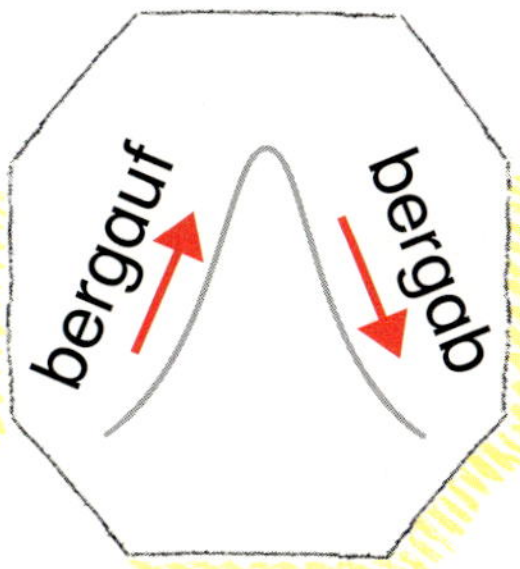

Jetzt spielen wir „Sachen verstecken“.
Iris muss suchen.
Sie macht die Augen zu und zählt bis zwanzig:
„Eins .... zwei .... drei .... vier .... zwanzig!“
In dieser Zeit verstecken die anderen Kinder einen Ball.
Iris macht die Augen wieder auf und fragt:
„Liegt der Ball auf dem Schrank?“
Udo antwortet: „Nein, auf dem Schrank liegt er nicht.“
„Liegt der Ball ... ?“

Danach verstecken die Kinder einen Bleistift
einen Radiergummi
ein Buch . . .

fragen

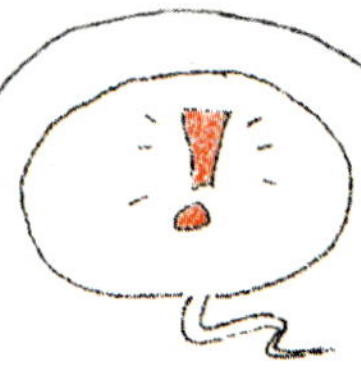

antworten

vor

unter

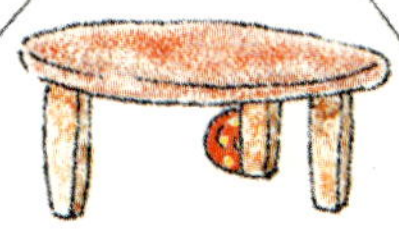

hinter

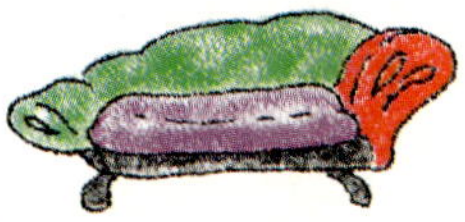

das / ein Sofa

1 auf dem Schrank

2 unter dem Tisch

3 hinter dem Regal

4 unter dem Sofa

5 hinter der Gardine

6 in dem Schrank

7 auf der Fensterbank

8 vor der Tür

9 unter der Bank

10 in der Schublade

11 vor dem Schreibtisch

12 im Papierkorb

der / ein Schreibtisch

das / ein Regal

die / eine Bank

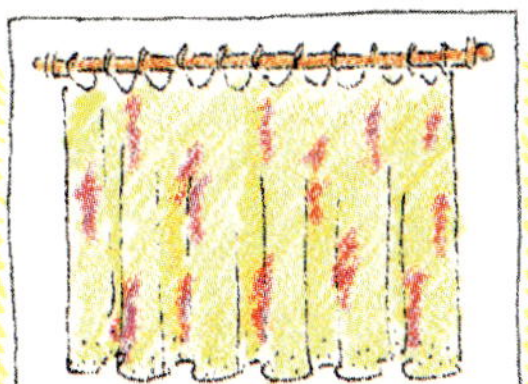
die / eine Gardine

die / eine Fensterbank

N

In sechs Wochen ist Weihnachten.
Was sollen wir Anna und Peter
zu Weihnachten schenken?

Das weiß ich auch nicht.
Was wünscht sich denn Anna?

Anna wünscht sich ein Pferd.
Aber das können wir nicht bezahlen.
Das ist viel zu teuer.
Und was wünscht sich Peter?

Peter wünscht sich ein neues Fahrrad.
Aber das alte ist noch gut genug.

Weißt du was?
Wir kaufen ein Geschenk für beide:
Wir kaufen einen Schlitten.
Vielleicht liegt an Weihnachten Schnee.

Montag Dienstag Mittwoch Donnerstag Freitag Samstag Sonntag die / eine **Woche**	 das / ein **Pferd**	 der / ein **Schlitten**	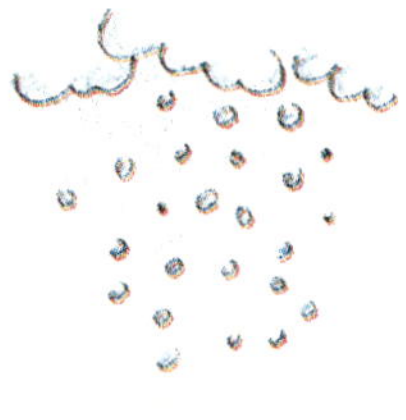 der / – **Schnee**

alt

neu
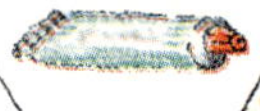

billig

teuer

Anna: In einer Woche ist Weihnachten.
Was sollen wir Vater und Mutter zu Weihnachten schenken?
Was wünscht sich Vater?

Peter: Vater wünscht sich ein neues Auto.
Das alte fährt zu langsam.
Aber ein Auto können wir nicht bezahlen.

Anna: Und was wünscht sich Mutter?

Peter: Mutter sagt immer:
Ich wünsche mir liebe Kinder.

Anna: Liebe Kinder – die hat sie ja schon.

Peter: So, und was schenken wir nun Vater
und Mutter zu Weihnachten?

Anna: Ich habe eine gute Idee: Wir schreiben Briefe an Vater und Mutter.

Peter: Oh ja, die Idee ist nicht schlecht – und auch nicht teuer.
Und ich male auch noch ein Bild dazu.

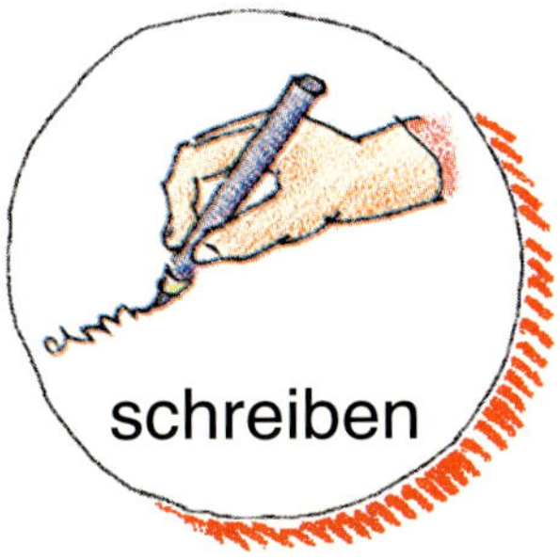

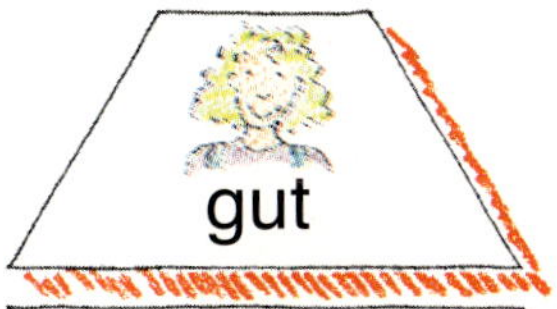

N

Heute ist Weihnachten.

Im Wohnzimmer steht der Weihnachtsbaum
mit roten Kerzen,
mit silbernen Kugeln,
mit vielen goldenen Sternen.

Die ganze Familie steht vor dem Weihnachtsbaum:
Vater und Mutter,
Oma und Opa,
Peter und seine Schwester Anna.

Alle singen ein Weihnachtslied.
Pollux liegt unter dem Baum und singt auch.

silbern

golden

die / eine Familie

der / ein Opa

die / eine Oma

die / eine Kerze

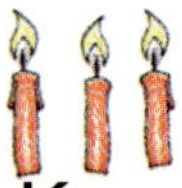
die Kerzen

die / eine Kugel

die Kugeln

Anna: Mutter, hier ist mein Weihnachtsgeschenk für dich.

Peter: Vater, hier ist mein Weihnachtsgeschenk für dich.

Lieber Vater,
im nächsten Jahr
mache ich
jeden Sonntag
die Betten.
Das ist mein
Weihnachtsgeschenk.
Deine Anna

Liebe Mutter,
im Frühling grabe ich
den ganzen Garten um.
Das ist mein
Weihnachtsgeschenk.
Dein Peter

Das ist aber ein schönes Weihnachtsgeschenk!

An Weihnachten liegt wirklich Schnee.
Anna und Peter fahren mit dem neuen Schlitten.
Pollux muss den Schlitten ziehen.

der/ein Baum

die Bäume

ziehen

singen

der/ein Stern

die Sterne

das/ein Geschenk

die Geschenke

der/ein Weihnachtsbaum

Peter muss um acht Uhr in die Schule.
Seine Mutter muss auch in die Schule.
Sie ist Lehrerin.

sieben Uhr | acht Uhr | neun Uhr | zehn Uhr | elf Uhr | zwölf Uhr

die / eine Schule

die / eine Uhr

die / eine Tasche

das / ein Heft
die Hefte

das / ein Buch
die Bücher

Heute braucht Peter keine Tasche.
Er braucht auch keinen Füller, keinen Spitzer,
keine Hefte und keine Bücher.

Und warum nicht?

Die Klasse macht heute einen Ausflug.
Heute braucht Peter einen Rucksack.

Was muss er mitnehmen?

Rucksack

Mütze

Peter packt seinen Rucksack.
Das kommt in den Rucksack:

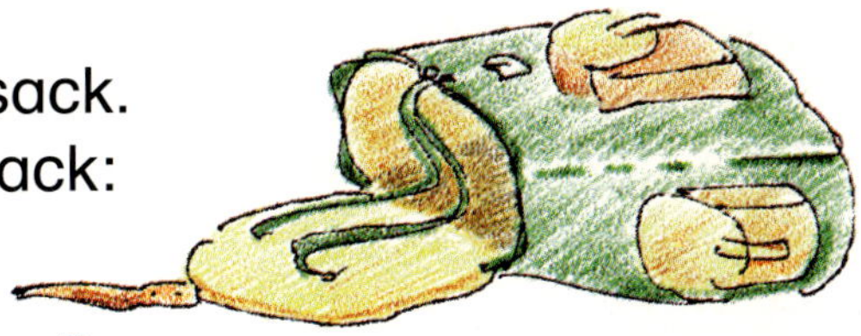

Taschenmesser

Taschenlampe

Handschuhe

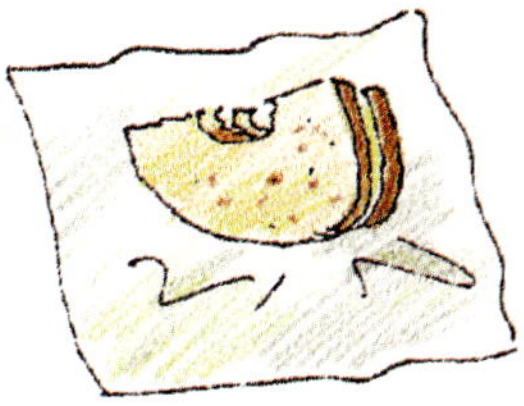

Butterbrot

Ei

Bonbons

Leihst du mir dein Taschenmesser?
Ja, das Messer kannst du gerne haben.

Leihst du mir deine Mütze?
Hast du denn selbst keine Mütze?

Leihst du mir . . .
. . .

Leihst du mir deinen Regenschirm?
Komm, wir gehen zusammen unter einem Schirm.

Peter lernt in der Schule Deutschland kennen.

1 Hamburg hat den größten deutschen Hafen.
2 In Köln steht der Kölner Dom.
3 Berlin ist wieder die Hauptstadt von ganz Deutschland.
4 München hat ein Olympiastadion.
5 Magdeburg liegt an der Elbe.

am größten
größer
groß

hoch
höher
am höchsten

das/ein Schiff

Bonn am Rhein

Berge in den Alpen

Insel Rügen

Autofabrik in Eisenach

Anna möchte nach Bonn reisen:
„Dann fahre ich mit dem Schiff auf dem Rhein."

Peter möchte in die Alpen reisen:
„Dann steige ich auf den höchsten Berg."

Iris möchte auf die Insel Rügen reisen:
„Dann bade ich im Meer."

Udo möchte nach Eisenach reisen:
„Dann schaue ich mir die neue Autofabrik an."

der/ein Berg

das/ein Meer

die/eine Autofabrik

reisen

steigen

P

Peter:
Komm, wir bauen einen Bagger.

Turgut:
Oh ja, ich baue den
Teil mit den Rädern.

Peter:
Und ich den Teil mit der Schaufel.

Turgut:
Gut, ich baue den Motor ein.
Dann kann der Bagger selbst fahren.

Peter:
Jetzt geht es los:
langsam und schnell,
bergauf und bergab, vor und zurück.

Turgut:
Aber nicht zu schnell!
Sonst fällt er vom Tisch.

Peter:
Das macht nichts.
Du fängst ihn auf.

Turgut:
Ja, ich bin der stärkste Mann
in Deutschland.
Ich kann einen Bagger fangen.

der/ein Teil
die Teile

das/ein Rad

die Räder

die/eine Schaufel
die Schaufeln

der/ein Motor
die Motoren

bauen

Iris:
Komm, wir spielen mit meiner Eisenbahn. Nimm du die Lokomotive. Ich stelle die Wagen auf.

Olga:
Nein, ich baue selbst einen Zug zusammen.

Iris:
Jetzt kann mein Zug losfahren.

Olga:
Mein Zug fährt aber jetzt auch los.

Olga:
Halt, da kommt doch mein Zug! Fahr nicht so schnell!

Olga:
Dein Zug ist zu schnell gefahren.

Iris:
Nein, dein Zug ist zu langsam gefahren.

fallen

der / ein Bagger
die Bagger

die / eine Lokomotive
die Lokomotiven

der / ein Wagen
die Wagen

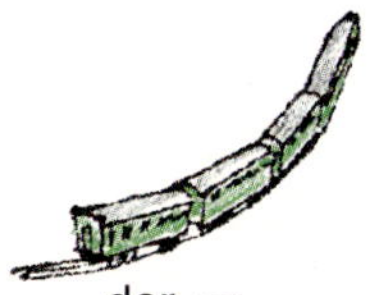

der / ein Zug
die Züge

Die Eltern sind nicht zu Hause.
Anna und Peter liegen auf dem Teppich.
Was machen sie?

Flipp, der Flinke, sieht eine Schachtel auf dem Schrank.

Flipp, der Flinke, will in die Schachtel sehen.

Flipp, der Flinke, stellt einen Tisch an den Schrank.

Auf den Tisch stellt er einen Stuhl.

Auf den Stuhl stellt er einen Hocker.

Auf den Hocker will Flipp, der Flinke, klettern.

Plötzlich . . .

die Eltern

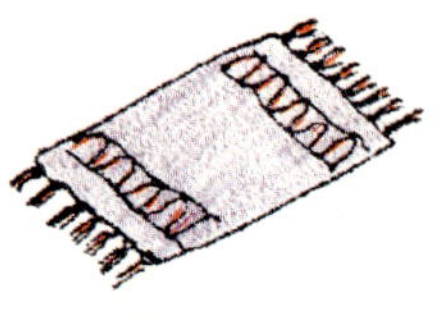

der/ein Teppich

der/ein Hocker

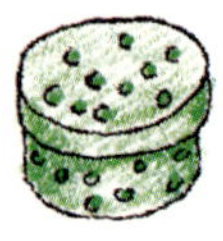

die/eine Schachtel

liegen

Mutter schaltet den Fernseher aus.

„Mutti, bitte, bitte, wir wollen weitersehen.“

„Vati, bitte, bitte!“

„Nein, ihr geht sofort ins Bett!“

„Es ist schon so spät.“

„Aber Mutti, morgen ist doch Sonntag. Dann können wir doch lange schlafen.“

„Nein, . . .

In der Nacht wachen die Kinder auf.

kommt es aus dem Wohnzimmer.

Was ist los?
Leise stehen Peter und Anna auf.
Leise machen sie die Tür
zum Wohnzimmer auf.

Was sehen sie?

Vater und Mutter sitzen auf dem Sofa.
Das Fernsehen läuft.

Autos fliegen durch die Luft
und fallen auf die Straße.
Die Eltern schlafen.

aufwachen

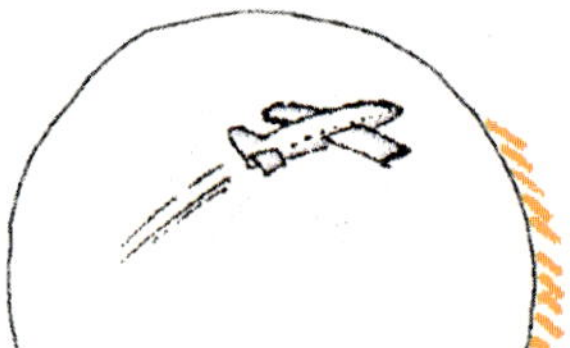

fliegen

die – Luft

die eine Nacht

der ein Tag

das ein Wohnzimmer

sitzen

Flipp, der Flinke, ist ein toller Mann.
Seht, was Flipp,
der Flinke, alles kann:
auf seinem Fahrrad
stehen,
damit ihn alle sehen.
Auf der Straße liegt der Flinke dann.

Flipp, der Flinke, ist ein toller Mann.
Seht, was Flipp, der Flinke, alles kann:
auf einem Balken gehen,
dabei im Kreis sich drehen.
In dem Wasser liegt der Flinke dann.

R

Heute ist Sonntag. Mutter will heute nicht kochen.
„Na gut, dann essen wir im Restaurant“, sagt Vater.
„Oh ja“, ruft Anna, „das ist viel schöner als zu Hause.“

Vater, Mutter, Anna und Peter sitzen am Tisch.
Pollux liegt unter dem Tisch.
Der Kellner bringt die Speisekarte.

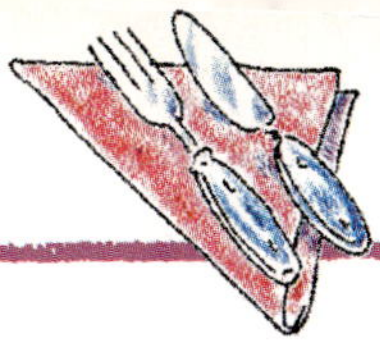

Speisekarte

Suppen

Hühnersuppe	DM 4,80
Tomatensuppe	DM 5,50
Fleischbrühe	DM 5,00

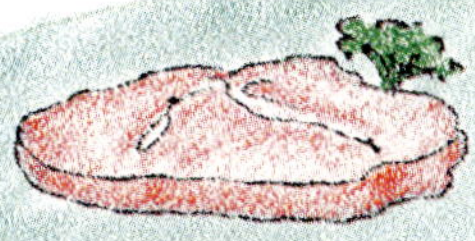

Fleisch

Schweinebraten	DM 11,50
Rinderbraten	DM 13,00
Kalbsbraten	DM 16,50

Nachtisch

Schokoladenpudding	DM 3,20
Süße Erdbeeren	DM 4,50
Großer Eisbecher	DM 9,00
Kleiner Eisbecher	DM 5,50

Gemüse

Grüner Salat	DM 4,20
Tomatensalat	DM 6,50
Dicke Bohnen	DM 4,50
Saure Gurken	DM 4,00

Kartoffeln

Salzkartoffeln	DM 3,00
Bratkartoffeln	DM 3,20
Pommes Frites	DM 3,50

Getränke

ein Glas Wein DM 6,00

eine Dose Limonade DM 2,80

eine Flasche Wasser DM 2,00

eine Tasse Kaffee DM 2,80

kochen

das / ein Glas

die / eine Dose

die / eine Flasche

die / eine Tasse

Vater:
Der Salat schmeckt gut.
Mutter:
Die Bohnen schmecken auch gut.
Anna:
Der Tomatensalat schmeckt noch besser.
Peter:
Aber die sauren Gurken schmecken am besten.

Mutter:
Möchtet ihr auch noch Nachtisch?
Peter:
Oh, ja ich möchte ...
Anna:
Und ich möchte ...
Vater:
Ich bin satt. Ich kann nichts mehr essen.

Mutter:
Das hat gut geschmeckt.
Peter:
Das war prima heute.
Anna:
Jetzt gehen wir jeden Sonntag ins Restaurant.
Vater:
Und wer soll das bezahlen?

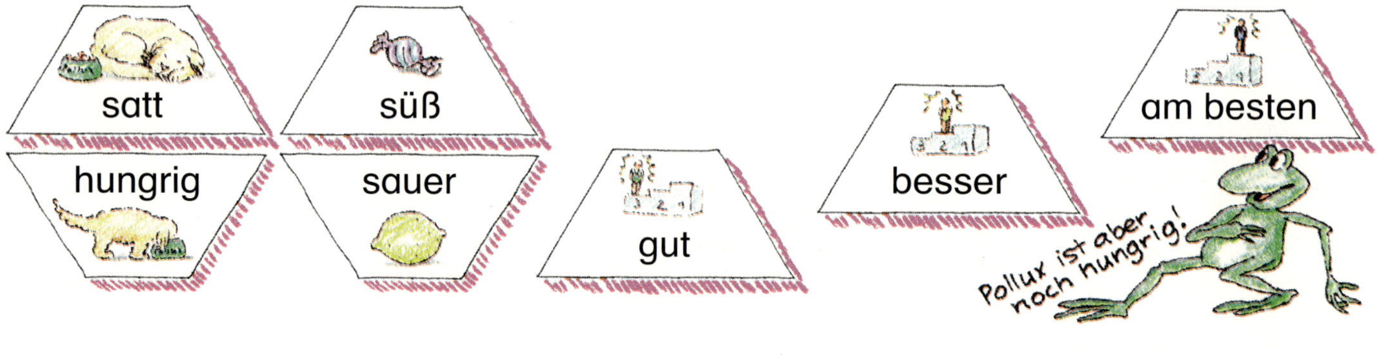

Kinderspeisekarte

warme Suppe heiße Kartoffeln grüner Salat süßer Pudding

Ich bin die Köchin.

Du bist der Kellner.

Wir können essen.

Ihr habt das Salz vergessen.

Wo gibt es
Jeans und Pullover?

Im
zweiten Stock.

Und wo gibt es
Fahrräder?

Im
fünften Stock.

10. Stock
der zehnte Stock

9. Stock
der neunte Stock

8. Stock
der achte Stock

7. Stock
der siebte Stock

6. Stock
der sechste Stock

5. Stock
der fünfte Stock

4. Stock
der vierte Stock

3. Stock
der dritte Stock

2. Stock
der zweite Stock

1. Stock
der erste Stock

Udo möchte so gern die Fahrräder anschauen.
Er wünscht sich schon lange ein neues Fahrrad.

Aber es ist schon spät.
Das Kaufhaus macht um halb sieben zu.

Mutter will zuerst die Jeans und den Pullover kaufen.
„Und dann gehen wir zu den Fahrrädern“, sagt sie.

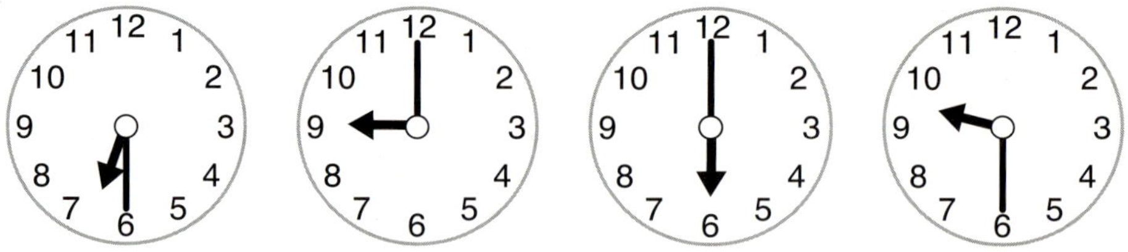

halb sieben | neun Uhr | sechs Uhr | halb zehn

der / ein Pullover

das / ein Kaufhaus

die / die Jeans

„Schau, Udo, der rote Pullover da, der ist doch schön.“

„Nein, Mutti, den möchte ich nicht. Der hat ja Knöpfe. Ich möchte lieber einen Pullover ohne Knöpfe. Den blauen da, den möchte ich haben. Aber der ist sehr teuer.“

Iris: Mutti, wie findest du die Jeans? Ich finde sie toll.“

Mutter: Iris, die sind doch viel zu eng.

Iris: Aber Mutti, die müssen doch so eng sein.

Iris: Schau mal Mutti, die tolle Bluse da, können wir die nicht auch kaufen?

Mutter: Aber, Iris, du hast doch schon die Jeans bekommen. Waren die nicht teuer genug?

Schauen wir uns jetzt das Fahrrad an?

Nein, es ist zu spät. Aber wir holen noch einen Prospekt.

der/ein Knopf

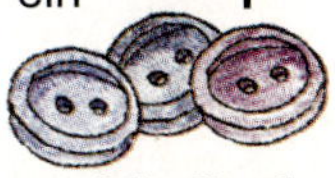

die Knöpfe

die/eine Bluse

weit

eng

der/ein Prospekt

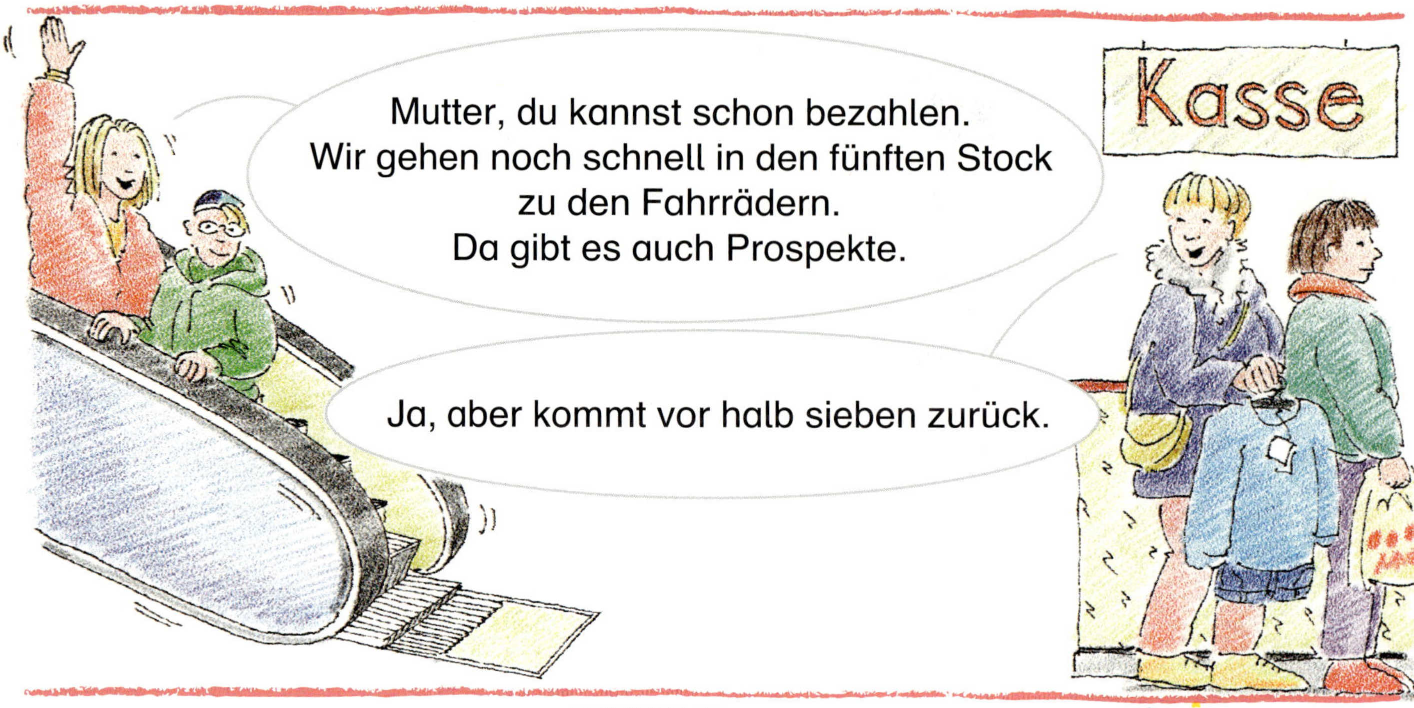

ein Pfennig

zwei Pfennig

fünf Pfennig

zehn Pfennig

fünfzig Pfennig

eine Mark

zwei Mark

fünf Mark

zehn Mark

zwanzig Mark

fünfzig Mark

hundert Mark

Iris: Schau mal hier das Sportrad, das hat zwölf Gänge.

Udo: Das schwarze Mountainbike finde ich viel besser.
Das hat sogar einundzwanzig Gänge.

Iris: Aber das hat viel dickere Reifen. Das fährt auf der Straße nicht so gut.

Udo: Aber mit den dicken Reifen kann ich überall fahren,
bergauf und bergab, auch ohne Straßen.

Iris: Mit dünnen Reifen kannst du aber schneller fahren.

Udo: Die dünnen Reifen sind doch viel zu schnell kaputt.

Iris: Ja, wenn du fährst! Ich kann mit jedem Fahrrad fahren.

der/ein Gang
die Gänge

schnell

schneller

am schnellsten

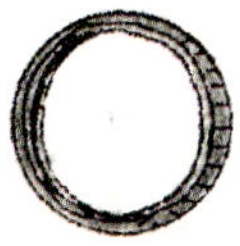

der/ein Reifen
die Reifen

Am Nachmittag hat Anna Fußball gespielt.
Sie ist gerannt,
sie hat geschwitzt,
sie hat ein Tor geschossen,
und zweimal ist sie hingefallen.

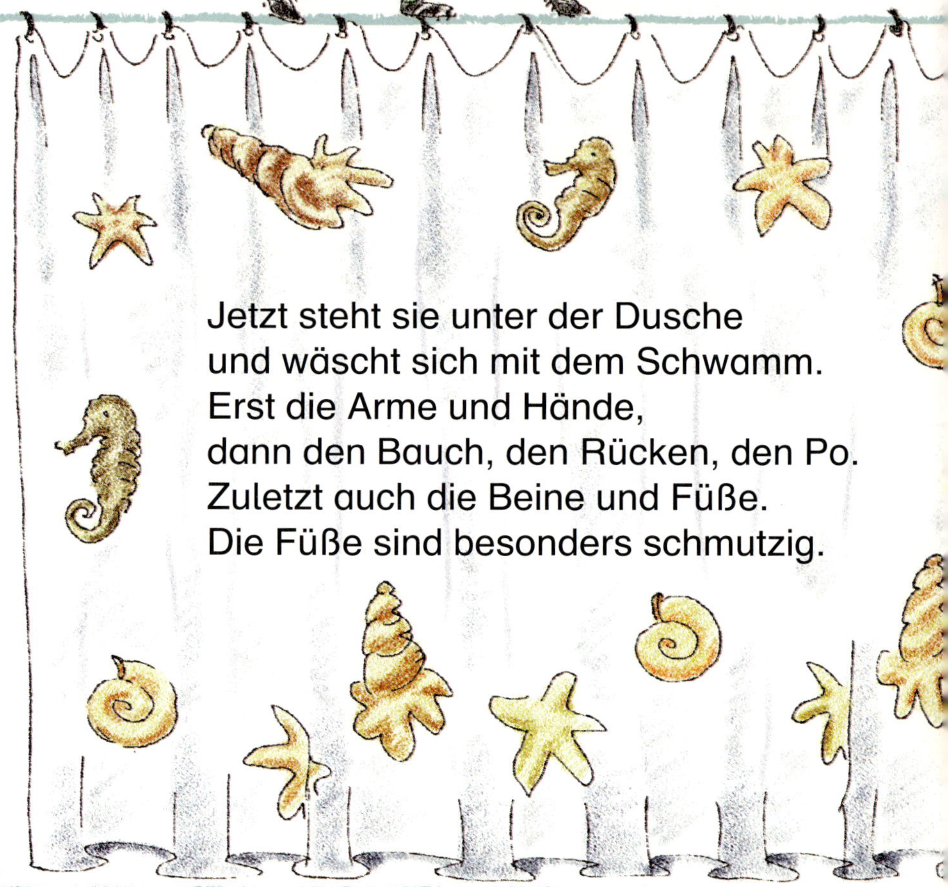

Jetzt steht sie unter der Dusche
und wäscht sich mit dem Schwamm.
Erst die Arme und Hände,
dann den Bauch, den Rücken, den Po.
Zuletzt auch die Beine und Füße.
Die Füße sind besonders schmutzig.

Anna: Mutti, kommst du mich abtrocknen?
Mutter: Kannst du das nicht allein?
Anna: Schon, aber es ist so schön,
wenn du mich abtrocknest.
Mutter: Na gut, ich habe Zeit, ich komme.

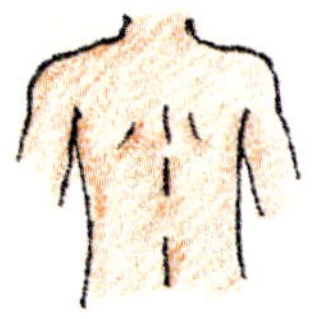

der/ein Rücken

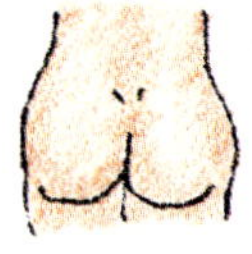

der/ein Po

das/ein Haar

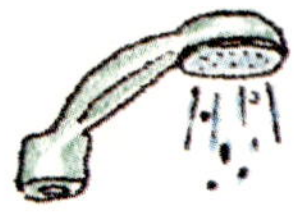

die/eine Dusche

der/ein Schwamm

Mutter kommt ins Badezimmer
Sie bleibt in der Tür stehen und lacht.
„Warum lachst du?“ fragt Anna.
„Du hast dich wirklich prima gewaschen“, sagt Mutter,
„aber sieh mal in den Spiegel!“

Anna sieht in den Spiegel.
Dann lacht sie auch.
„Die Nase habe ich vergessen.“
„Ja, und wasch dir auch die Haare“, ruft Mutter,
„komm, ich helfe dir.“
Bald ist Anna fertig.
Jetzt ist sie ganz sauber.
Mutter trocknet sie ab.

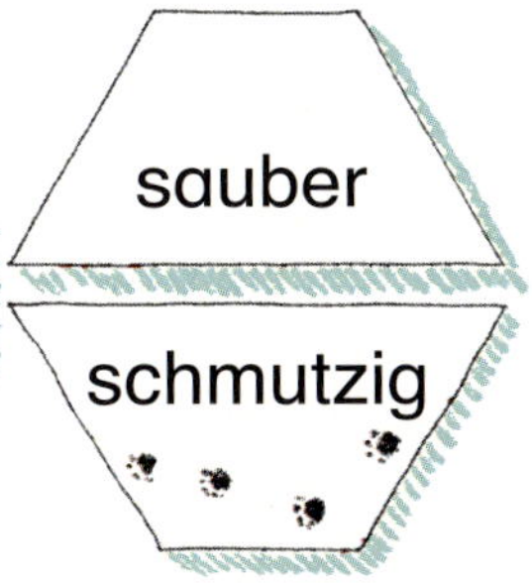

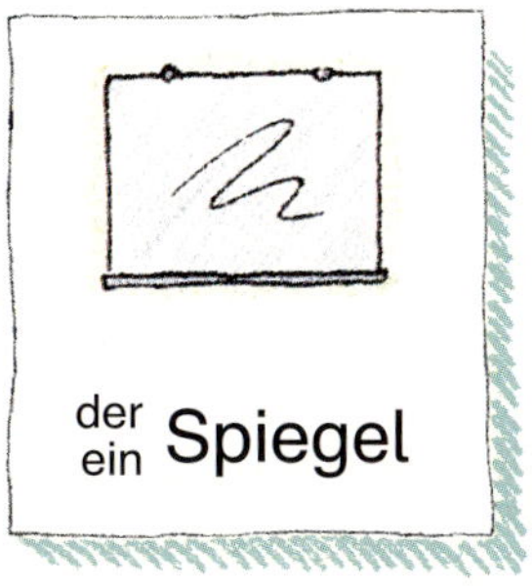

T

Anna will ins Bett gehen.
„Hast du dir die Zähne geputzt?“, fragt Mutter.
„Ach ja, das mache ich jetzt.“

Plötzlich ruft Anna: „Aua – Autsch.“
„Was ist denn los?“, fragt Mutter.
„Das kalte Wasser tut meinen Zähnen weh“, antwortet Anna.
„Das kalte Wasser …?
Komm mal her!
Ich will mal in deinen Mund sehen.
Mach den Mund bitte weit auf, ja – so!
Oh, ich sehe schon. Ein Zahn hat ein Loch.
Da müssen wir sofort zur Zahnärztin gehen.“
„Oh nein, ich will nicht zur Zahnärztin“, ruft Anna.
„Aber, Anna, wenn du nicht zur Zahnärztin gehst, wird es immer schlimmer.“

der/ein Zahn

die Zähne

das/ein Loch

die Löcher

die/eine Zahnärztin

putzen

zumachen

Die Zahnärztin sieht sich Annas Zähne genau an.
Sie nimmt den Bohrer und sagt:

„Mach den Mund bitte noch einmal weit auf!“

Anna macht den Mund weit auf
und die Augen zu.
„Warum machst du die Augen zu?“ fragt
die Zahnärztin.
„Ich will den Bohrer nicht sehen“,
antwortet Anna.

„Soll ich dir einen Kopfhörer auf die Ohren setzen?“
„Warum?“ fragt Anna.
„Dann kannst du den Bohrer auch nicht hören“,
lacht die Ärztin.

„Oh ja“, sagt Anna, „nichts sehen,
nichts hören, und haben Sie vielleicht
auch etwas für meine Nase?“
„Für deine Nase?“
„Ja, vielleicht kann ich den Bohrer
sonst riechen.“

hören

riechen

der/ein Bohrer

der/ein Kopfhörer

U

„Wohin sollen wir in den Sommerferien fahren?“
„Auf einen Bauernhof!“, ruft Udo.
„Auf einen Bauernhof?“, fragt Mutter.

„Ja“, sagt Iris, „Ferien auf dem Bauernhof finde ich toll.
Da kann ich wieder reiten wie im letzten Jahr.“

„Ja, und ich kann vielleicht
wieder mit dem Traktor fahren“, sagt Udo.

„Ich weiß nicht“, meint Mutter,
„sollen wir nicht lieber ans Meer fahren?“

„Nein“, rufen Iris und Udo, „lieber wieder
zu Bauer Möllmann nach Tossenhofen!
Denk doch mal an das gute Essen!“

„Na ja“, sagt Mutter, „in Tossenhofen war es auch nicht so teuer.
Da können wir vierzehn Tage bleiben.“

„Oh, toll, prima, super“, rufen Iris und Udo.

der/ein Bauer

das/ein Jahr

der/ein Traktor

das/ein Essen

der/ein Stall

Der Hund Nero bellt und freut sich:
Iris und Udo sind wieder da.

Die Katze Katinka lässt sich streicheln.
Sie hat keine Angst.

Aber im Stall stehen keine Kühe mehr.
Der Bauer kann die Milch nicht mehr verkaufen.

Der Bauer hat noch vier Schweine und zwölf kleine Ferkel.

„Und wo sind Max und Moritz?", fragt Iris.
Max und Moritz sind die beiden Pferde.

„Die Pferde sind auf der Wiese", sagt der Bauer.

„Komm, Udo, wir laufen gleich hin, ich will sofort reiten."

„Heute nicht mehr", sagt Mutter, „heute ist es zu spät. Morgen ist auch noch ein Tag."

U

Liebe Anna! Tossenhofen, den 4. 8.

Heute sind wir schon eine Woche in Tossenhofen.
Die Katze Katinka hat drei kleine Kätzchen.

Die Pferde Max und Moritz sind auch noch da.
Ich darf jeden Tag reiten.

Gestern hat der Bauer gesagt:
„Hol doch bitte den Max von der Wiese."

Ich habe Max gerufen, aber er ist nicht gekommen.
Er hat einfach weiter gefressen.
Da habe ich lauter gerufen: „Max, komm doch her!"
Aber er ist immer noch nicht gekommen.

Da hat der Bauer gesagt: „Du musst Max nicht rufen.
Du musst ihn am Zügel ziehen."

Da ist Max endlich mitgekommen.
Ich habe richtig geschwitzt.

Viele Grüße Deine Iris

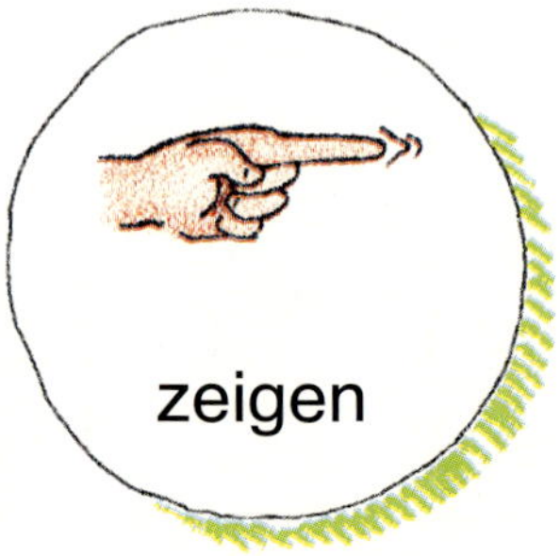

Lieber Peter!

Tossenhofen, den 7.8.

Gestern hat mich der Bauer gefragt:
„Hilfst du mir? Ich muss den Stall reparieren.“
„Den Hühnerstall?“, habe ich gefragt.
„Nein, den Kaninchenstall, der hat ein Loch.“
Wir haben alle Kaninchen in eine große Kiste gesetzt.
Dann haben wir ein Brett vor das Loch genagelt.

„Ich geh in den Kuhstall“, hat der Bauer gesagt,
„kannst du die Kaninchen allein in den Stall setzen?“
„Klar,“ habe ich gesagt und habe die Kaninchen
wieder in den Stall gesetzt.
Dann bin ich auch in den Kuhstall gelaufen.
„Fertig,“ habe ich zum Bauern gesagt.
Der hat zum Fenster gezeigt und gesagt:
„Schau mal, da draußen laufen Kaninchen rum!“
„Dann muss im Stall noch ein Loch sein,“
habe ich gerufen.
Aber da war kein Loch im Stall.
Die Tür war offen.

Wie geht es dir?

Viele Grüße

Dein Udo

das ein Huhn

die Hühner

das ein Kaninchen

die Kaninchen

das ein Brett

das ein Fenster

nageln

Frühling im Garten

„Kommt, Kinder!“, hat Mutter gesagt, „heute gehen wir alle in den Garten. Ruft auch den Vater! Er soll uns helfen.“
Alle gehen in den Garten. Mutter trägt einen großen Korb ①. Sie will den Salat ernten. Peter soll ein Beet ② umgraben. Er stellt den Spaten ③ an den Gartenzaun ④. Vater setzt die Bohnenstangen ⑤. Anna nimmt die Gießkanne ⑥ und holt Wasser. Sie will die Blumen ⑦ gießen.
Unter dem Kirschbaum ⑧ steht ein Liegestuhl ⑨. Mutter sagt: „Wenn mein Korb ① voll ist, lege ich mich in den Liegestuhl ⑨ und ruhe mich aus.“

Rätsel

Erst weiß wie Schnee,
dann grün wie Klee,
dann rot wie Blut,
schmeckt allen Kindern gut.

voll

leer

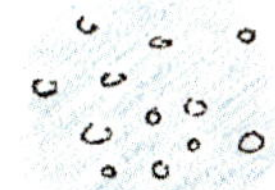

der Schnee

der Klee

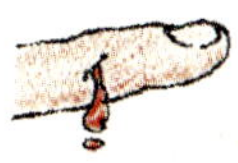

das Blut

am wärmsten
wärmer
warm

die / eine Kirsche

der / ein Vogel
die Vögel

am längsten
länger
lang

kalt
kälter
am kältesten

die / eine Badehose

der / ein Badeanzug

kurz
kürzer
am kürzesten

Rübenziehen

Väterchen hat Rüben gesät. Er will eine Rübe herausziehen.
Er packt sie beim Schopf,
er zieht und zieht
und kann sie nicht herausziehen.

Väterchen ruft Mütterchen. Sie soll ihm helfen.
Mütterchen zieht Väterchen,
Väterchen zieht die Rübe,
sie ziehen und ziehen
und können sie nicht herausziehen.

Kommt das Kindchen:
Kindchen zieht Mütterchen,
Mütterchen zieht Väterchen,
Väterchen zieht die Rübe,
sie ziehen und ziehen
und können sie nicht herausziehen.

Kommt das Kätzchen:
Kätzchen zieht Kindchen,
Kindchen zieht Mütterchen,
Mütterchen zieht Väterchen,
Väterchen zieht die Rübe,
sie ziehen und ziehen
und können sie nicht herausziehen.

Kommt das Hühnchen:
Hühnchen zieht Kätzchen,
Kätzchen zieht Kindchen,
Kindchen zieht Mütterchen,
Mütterchen zieht Väterchen,
Väterchen zieht die Rübe,
sie ziehen und ziehen
und können sie nicht herausziehen.

Kommt das Hähnchen:
Hähnchen zieht Hühnchen,
Hühnchen zieht Kätzchen,
Kätzchen zieht Kindchen,
Kindchen zieht Mütterchen,
Mütterchen zieht Väterchen,
Väterchen zieht die Rübe:
Sie ziehen und ziehen –
und schwups, ist die Rübe heraus!

Lieber Peter, Mittwoch, 17. August

am Samstag gebe ich ein Gartenfest.
Ich lade Dich herzlich ein.

Komm bitte am Nachmittag um 4 Uhr.

Antworte bald.
Du kannst mich auch anrufen.

Du kannst auch Pollux mitbringen.

Tel.: 34 40 79 Deine Iris

Hast du schon gelesen: Iris gibt ein Gartenfest.

Ja, ich habe auch eine Einladung bekommen.
Iris hat uns alle eingeladen: Sabine, Anna, Turgut und mich.
Aber Sabine kann leider nicht kommen.

Warum denn nicht?

Sie ist krank und liegt im Bett.

Vielleicht ist sie am Samstag schon wieder gesund.
Dann kann sie doch mitkommen.

Und was bringt ihr Iris mit?
Ich habe schon ein Geschenk.

einladen

die eine Einladung

gesund

krank

der ein Garten

das ein Fest

das ein Gartenfest

aufhängen

Was bringt Mutter?
Wer liegt unter dem Tisch?
Was hat Peter mitgebracht?
Wo sitzt Olga?
Ist Sabine auch gekommen?
Was isst Turgut?
Wo steht Anna?
Wer hängt die Laternen auf?
Was hat Iris in der Hand?
Was macht Pollux?
Was trinkt Olga?
Was macht der Frosch?

fressen

das ein Würstchen
die Würstchen

das ein Eis

die eine Schaukel

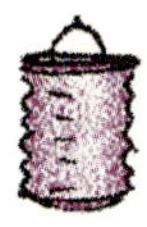
die eine Laterne

Alle haben gegessen. Alle haben getrunken. Alle sind satt.
„Was sollen wir spielen?“, fragt Iris,
„wer kennt ein schönes Spiel?“
„Ich“, ruft Anna.

„Wir brauchen zwei Gruppen.
Jede Gruppe spielt mit einem Ball.
Stellt euch hintereinander auf!
Der erste wirft den Ball
zwischen den Beinen nach hinten.
Der letzte nimmt den Ball
und läuft nach vorn.
Dann wirft er den Ball wieder
durch die Beine nach hinten.
Wenn der erste wieder vorne steht,
ist seine Gruppe Sieger.“

Peter sagt:
„Ich weiß auch ein schönes Spiel.
Dafür brauchen wir auch zwei Gruppen.

Jede Gruppe bekommt zwei Dosen mit einer Schnur.
Der erste stellt die Füße auf die Dosen
und hält die Schnüre mit den Händen gut fest.

Jedes Kind läuft auf den Dosen hin und zurück
und gibt sie dem nächsten weiter.“

die/eine Gruppe

die Gruppen

das/ein Spiel

zwischen

die/eine Dose

die Dosen

die/eine Schnur

die Schnüre

Siehst du die dicke Wolke?
Gleich gibt es Regen.

Schade, dann ist das Fest zu Ende.

Ach was, wir gehen ins Haus
und spielen andere Spiele.

Schlapp hat den Hut verloren

Alle Kinder sitzen im Kreis.
Ein Kind ist der Schlapp.
Jedes Kind hat eine Zahl.

Schlapp ruft:
„Schlapp hat den Hut verloren,
sieben hat ihn."

Dann ruft die Nummer sieben:
„Sieben hat ihn nicht,
drei hat ihn."

Dann ruft die Nummer drei:
„Drei hat ihn nicht,
... hat ihn."

So geht es immer weiter.
Wer etwas falsch macht,
darf nicht mehr mitspielen.

Koffer packen

Alle Kinder sitzen im Kreis.
Das erste Kind sagt:
„Ich packe meinen Koffer.
Ich packe eine Hose ein."

Das zweite Kind sagt:
„Ich packe meinen Koffer.
Ich packe eine Hose und einen
Pullover ein."

Das dritte Kind sagt:
Ich packe meinen Koffer.
„Ich packe eine Hose und einen
Pullover und ein Fahrrad ein."

Das vierte Kind sagt:
„Ich packe meinen Koffer.
Ich packe eine Hose
und einen Pullover
und ein Fahrrad und ... ein."

So geht es immer weiter.
Wer etwas falsch sagt,
darf nicht mehr mitspielen.

die/eine Zahl
7
die/eine Nummer

die/eine Wolke

der/ein Kreis

der/ein Hut

der/ein Koffer

verlieren

Die Kinder dürfen ihre Koffer selber packen.
Annas Koffer ist schnell voll:
Zwei Puppen, drei Kuscheltiere, ein Buch
und den Badeanzug hat sie eingepackt.

Peter: Und wohin kommt dein Pullover?
Und die Jeans und der Anorak?

Anna: Das weiß ich auch nicht.
Dann muss ich eben noch
einen Koffer mitnehmen.
Aber dein Koffer ist ja auch
viel zu klein.
Wohin sollen denn deine T-Shirts
und die blaue Jacke?

Peter: Dann nehme ich eben einen
größeren Koffer.

Mutter: Also, Kinder, so geht das nicht!
Jeder kann nur einen kleinen
Koffer mitnehmen.
Wir müssen doch unsere Koffer
selber tragen.

Anna: Vielleicht fahren wir doch lieber
mit dem Auto.

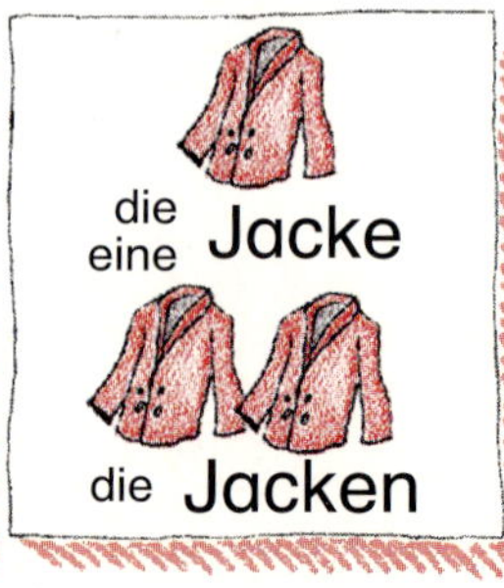

Anna: Das war ein toller Zug. So schnell bin ich noch nie gefahren.

Mutter: Und was machen wir jetzt? Unser Zug nach Rom fährt erst heute abend.

Peter: Ich habe eine gute Idee: Wir fahren ins Deutsche Museum. Da steht das erste Auto der Welt und auch die älteste deutsche Eisenbahn.

Mutter: Und wie kommen wir da hin?

Vater: Mit der U-Bahn. Die Fahrscheine können wir am Automaten ziehen.

Anna: Und Pollux? Braucht der auch einen Fahrschein?

Mutter: Ja, aber nur einen Kinderfahrschein.

Peter: Der ist ja auch der Jüngste: erst sieben Jahre alt.

der / ein Automat
die Automaten

jung
jünger
am jüngsten

alt
älter
am ältesten

Text und Melodie: Rüdiger Urbanek

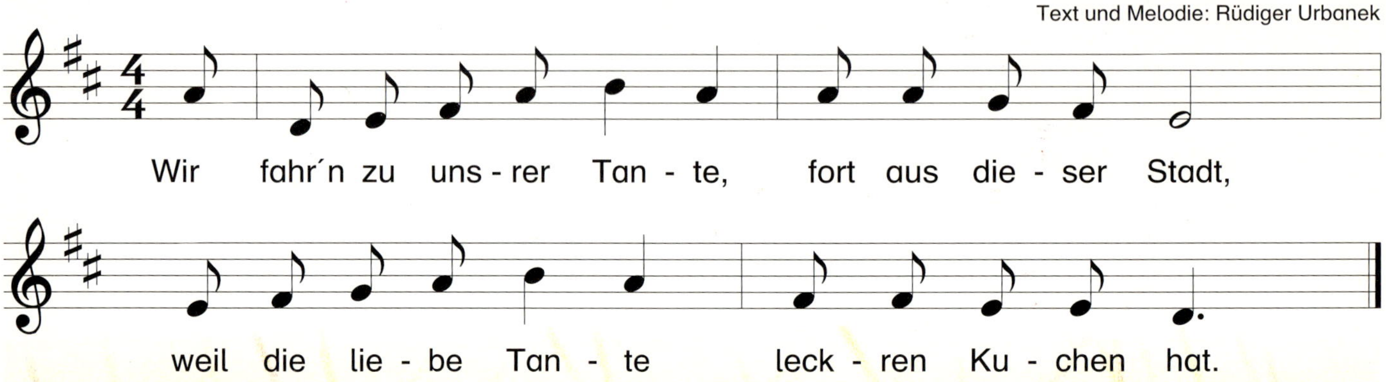

zu unsrem Onkel ... kleine Pferde
zu unsrem Opa ... schwarze Katzen
zu unsrer Oma ... gute Laune
usw.

Refrain (wenn man Lust hat, auf die gleiche Melodie):

Wir fahr'n nicht mit dem Auto,
sondern mit dem Zug.

Denn von diesen Autos
gibt es schon genug.

der / ein Onkel

die Onkel

die / eine Tante

die Tanten

der / ein Kuchen

die Kuchen